청어詩人選 67

| 정헌영 네 번째 시집 |

# 사랑이 그리워도

청어

# 사랑이 그리워도

정헌영 지음

발행처 · 도서출판 **청어**
발행인 · 이영철
기 획 · 강보임 | 김홍순
영 업 · 이동호
편 집 · 김영신 | 방세화
디자인 · 오주연
제작부장 · 공병한
인 쇄 · 두리터

등 록 · 1999년 5월 3일(제22-1541호)

1판 1쇄 인쇄 · 2010년 4월 1일
1판 1쇄 발행 · 2010년 4월 10일

주소 · 서울시 서초구 서초동 1588-1 신성빌딩 A동 412호
대표전화 · 586-0477
팩시밀리 · 586-0478

블로그 · http://blog.naver.com/ppi20
E-mail · ppi20@hanmail.net
ISBN · 978-89-93563-82-5 (03810)

---

# 사랑이 그리워도

| 시인의 말 |

## 네 번째 시집을 내면서

사랑은 별이 되어
세상의 목말라 애태우는 사람들에게
희망의 별로 떠돌며
풀빛 가득한 들녘에
그렇게도 갈망하였던 어릴 적 꿈을
작은 나무로 심었습니다

질퍽한 삶의 수레바퀴 속에서
존재의 의미를 되새겨
인생을 관조할 수 있는 따듯한 하루
감사하는 마음으로
긴 세월 못다 버린 아집과 교만
오만과 욕심을 훌훌 털어버리고

가벼운 마음으로 내 주변의 이야기
나만의 삶의 이야기를 맑은 글씨로
또박또박 써본 소박한 꿈들을
이 작은 시집에 담으며

독자 여러분 곁에서 사랑을 듬뿍 받도록
맑은 햇살 고운 마음으로
그 별빛 속으로 다가섭니다

어느 별을 바라보며

정현영

c·o·n·t·e·n·t·s

## 1 계절의 언저리에서

## 2 못다 핀 꽃이여

## 3
## 사랑은 별이 되어

## 4
## 삶의 여백

# • • • • • • 사랑이 그리워도

# 1
# 계절의 언저리에서

겨우내 살가운 바람 불어
예쁜 꽃 피우듯
한겨울 꽁꽁 언 경기 풀려
넉넉한 미소가 넘쳤으면
봄에 뿌린 씨앗이
푸둥푸둥한 여름을 부르듯
슬픈 그대 가슴에도 새싹 돋아
파란 이파리로 나풀댔으면

# 아침 햇살

그것은 새벽 울음이었다
벅찬 새벽 종소리였다
심장이 멈출 것 같은 어둠이
아침 햇살에 녹아 밝은 빛으로
무한한 희망과 용기를 주어
어제도 걷고 오늘도 걸어야 하는
끝없는 삶의 여정을
비록 삶이 속일지라도
지독한 구박에도
갈등의 골을 끊어버리고
힘차게 생명줄로 이어간다

# 꽃과 여인

꽃은 예쁘다
그 여인도 예쁘다

꽃은 자연의 아름다움이요
그 여인은 인공의 아름다움이다

꽃과 여인이 메마른 가슴을
사랑으로 가득 채운다

활짝 핀 국화꽃 옆에서

# 하루를 접으며

떠오르는 아침 햇살 따라
발버둥 치며 걸어온 하루
저뭇해진 산마루에서
노을 속으로 하루를 접는다

그 뜨거웠던 낮의 열기도
어둠이 깔리면 사늘해져
고요한 밤하늘에 시름 내려놓고

달빛 젖은 귀뚜라미 울음은
잠재웠던 그리움을 깨워
별빛 숲을 헤맨다

밤은 0시를 달리는데

# 사랑은 계절 따라

노란 봄엔
화사한 웃음으로 새로움을
초록 여름엔
힘찬 젊음으로 파란 마음을
빨간 가을엔
떨어지는 이파리에 고요히 눈물 적시며
하얀 겨울엔
함박눈으로 녹슨 인연의 사슬 끊고
뽀얀 대지에 그대를 그린다

사랑은 계절 따라
새록새록 그리움으로
처녀 가슴 누비는 부나비 되어
세월의 갈피에 접어둔 마음마저
살난스럽게 흔든다

# 계절의 언저리에서

겨우내 살가운 바람 불어
예쁜 꽃 피우듯
한겨울 꽁꽁 언 경기 풀려
넉넉한 미소가 넘쳤으면

봄에 뿌린 씨앗이
푸둥푸둥한 여름을 부르듯
슬픈 그대 가슴에도 새싹 돋아
파란 이파리로 나풀댔으면

여름내 흘린 땀방울이
사잇길을 걸어가듯
불같은 사랑 태워
순백한 사랑으로 영글었으면

가을 단풍길 따라
먼 동화 속 나라로
속세의 무거운 짐 훌훌 벗고
삶의 밝은 빛으로 가득 채웠으면

# 아! 세월

무심히 바라본 하늘은
흰 구름만 흘러가고
속절없이 흐르는 강물은
노을빛만 가득하다

장미보다 아름다운
당신의 향기는 미풍에 흩어지고
당신을 바라보는 두 눈은
뿌연 안개로 덮인다

아! 세월
세월은 언제나 그렇게
적막보다 더 깊은 미련만 두고
모질게 서둘러 떠난다

# 인생은 흘러 흘러

가고 오고 가고
세월 따라 바람 따라
인생은 그렇게 흘러
노을 강에 이르면

강 가슴에 차곡차곡 쌓인
퇴적물에는
인생의 여유로움도
한가로움도 없이
삶의 여백에
조가피만 가득하구나

# 봄이 움트는 소리

저문 해 붙들어 서쪽 바다로 갈까
산 노루 컹컹 우는 동산으로 갈까
이리 가도 아리송송
저리 가도 외로움
그냥 여기서 고독이나 움씹을까

하늘을 덮은 하얀 눈송이가
못내 아쉬운 듯 설화로
긴 겨울을 붙들지만
가슴을 파고드는 하얀 그리움이
봄빛에 겨워 사랑을 내려놓는다

설원에서 허겁지겁 돌아와
그대 속살 닮은 하얀 목련꽃을 그리며
녹슨 겨울의 사슬을 끊고
실루엣처럼 다가서는 그녀를 향해
우릿한* 마음으로 달려간다

*우릿하다 : 진한 감동을 느끼게 하다

# 봄의 언덕 위에

봄바람 새색시 볼을 스치고
처녀 가슴에 살포시 안긴다

수리산 산수유 노란 물결이
양지바른 묘 잔등엔 뽀얀 할미꽃이
뽀송뽀송 고개 쳐들면
개울가 버들강아지 탐스럽게
새싹을 빚어댄다

늠실거리는 얼음 밑 송사리 떼가
물줄기 타고 힘차게 오르면
겨우내 웅크린 발걸음도 가볍게
산과 들에서 푸른 꿈을 심는다

밭갈이하는 황소의 워낭소리
논갈이하는 농기계의 기계음 소리
모두 역동적으로
고향의 물레방아 돌듯이
설핏한 봄볕이 하얗게 부서진다

# 진달래꽃

겨우내 설움 토해낸
저 바위산 진달래

봉긋한 여인의 젖가슴에
붉은 꽃봉오리로 맺혀

오직 사랑 하나만으로
삶의 마디마다에 만개(滿開)하여

만산(滿山) 만인(萬人)의 가슴에
붉게 물들이리

# 개나리꽃 연정(戀情)

그 긴 겨울 아픔 싹둑 잘라
울타리마다 축 늘어뜨리고
아릿한 그리움으로
발길 잡는 노란 개나리

게슴츠레한 눈으로 벌 나비 불러
이팔청춘 부푼 마음
노란 꽃잎에 사랑으로 듬뿍 담아
메말랐던 사랑
메말랐던 이웃에
훈훈한 향기 편안한 미소로 재운다

# 4월의 노래

푸름이 4월을 삼켰다
산도 들도
너도 나도

구름 타고 하늘에 올라
푸른 꿈을 줍고
청노루 뛰노는 산에 올라
천하를 품에 안으면

거기에는
사랑도 추억도
깊어가는 그리움도
삭정이마다 어린 잣잎 피워낸
봄 햇살로 새록새록 피어올라
초록 세상을 만든다

누가 4월을 잔인하다 했나

# 9월의 문턱에서

여름내 땀방울로 얼룩진 너
9월의 문턱을 넘으며
탐스런 열매로 맺혀
가을빛으로 촉촉하구나

코스모스 가녀린 허리
청잣빛 하늘보다 더 맑은 미소로
예쁜 누이가 잊힌 계절 불러
소슬바람으로 휘감으면

넉넉한 들판 허수아비
어이 어이
참새 쫓는 소리도 쩡쩡한데
내 마음은 이리도 아려오는가

별들이 가슴에 스며들듯
계절이 바람 타고 한발 다가서는
집시의 이별처럼
잊지 못할 그 가을이여
9월이 오는 소리여
파란 하늘 구름 위를 마음껏 걷는다

# 코스모스 연정

하얀 코스모스에 마음 주고
연분홍 코스모스에 입 맞추면
빨간 코스모스가 얼굴 붉힌다

들녘 소슬바람이 깜짝 놀라
코스모스 연정을 그러모으면
이내 아쉬웠던 사랑이
가녀린 그녀에게 하얀 면사포 씌워
능금처럼 익어가는 추억들을
가지 끝마다 매달아 하늘거린다

# 가을 속을 걸으며

강 건너 메밀밭 고추잠자리
빨갛게 물들고
강 언덕의 미루나무 푸른 이파리
곰삭은 햇살에 누렇게 들떠
고운 꿈 접고 강여울로 떨어지며
지나온 여름날을 아쉬워하는데
가을 속을 걷는 내 마음은
왜 이리도 시릴까
아직도 탐스런
그 국화꽃은 피지 않았는데

# 가을 길옆에서

건들바람에 이끌려
참새 떼 재잘대는 들녘을 걷는다
가온들찬빛* 들꽃 향기 마시며
메뚜기가 자유롭게 나는 논두렁길을

낙엽이 한잎 두잎 떨어지면
나른한 햇살이 싫지만은 않은
괜스레 누군가를 기다리는 서글픈 마음이
알밤송이처럼 떨어져 데굴데굴 구른다

가을빛에 붉게 물든 저 여인
옷깃 세워 걸어가는 모습 곱디고운데
길옆 활짝 핀 국화 한 송이 꺾어 들고서
기다리는 내 마음 알기나 할까

은빛 억새가 너풀대는 언덕에서
어쩔 수 없이 작아지는 내 마음을
어이 달래나
가을 그날은 붉게 물들어 가는데

*가온들찬빛 : 들 한가운데 빛이 가득 찬

# 갈대의 사색

이렇게 조용히 눈 감고
어눌한 마음 쓰다듬는 것은
어제보다 오늘을
아름답게 바라보기 위해서겠지

갈바람 단풍 되어
아름다운 수채화를 그리는 것은
갈대의 사색에 그리움 채운
내가 바라는 사랑의 성(城)이겠지

갈대밭에 은빛 너울
곱게 물들어 사각거리는 것은
그대를 부르는
내일로 굽어 돌아가는 비창이겠지

오늘도 벼 이삭마다
누렇게 익은 그리움으로
강바람에 국화향기 묻히어
그대의 별빛 품에 안기고 싶어라

# 갈바람 부는 소리에

샛강 갈바람 분홍 코스모스에 앉아
괜스레 푸른 억새 백발 만들어
심술궂게 흔들어대면

노을 강변 갈대숲 헤집던 물새 한 마리
깜짝 놀라 갈 길 잃고 꺼억꺼억 우는데
내 마음은 왜 이렇게 무거울까

갈바람에 숨겨온 가을 내음이
폐부까지 파고들면
고독은 슬픈 낙엽 되어 흩날리고

계절 속을 걷는 발걸음은
세월의 무게를 이겨내지 못하고
버걱 버걱 파열음을 낸다

차라리 저 국화꽃 속으로 숨어버릴까?

# 단풍으로 물드는 사랑

꿈이었다면 깨우지 말라
누런 들판에 내려놓은 사랑을
노란 은행잎마다 새긴 사연은
소리새 되어 하늘 높이 날아가고

파란 하늘 바라보며
붉게 익어가는 홍시 서너 개 꺾어
미쁘신 그대에게 건네주며
가슴속에 묻어준 별들의 이야기
우리의 사랑 이야기 끄집어내
곱게 단풍으로 물들인다

# 겨울 나들이

눈 덮인 유명산에 오르니
나뭇가지마다 하얀 눈으로
천의 얼굴 그려놓고
절로 터지는 탄성은 산울림 되어
함박눈으로 펄펄 날린다

갈참나무 난로가 뜨거운 움막집
내뿜는 주전자의 하얀 김이
추억을 그러모아 향수에 젖으면
그녀와 나누는 커피 향이
깊은 산골에 사랑으로 번진다

청평호수에 던진 무수한 이야기는
산 너울에 느릿느릿 흘러가고
살얼음 타고 걷는 사랑은
강물보다 더 푸르다

산골짜기마다 넘치는 정감을
황금빛 강물에 풀어놓으면
강촌을 나는 물새들이
나그네 발길을 잡고 하루를 낚는다

## 겨울은 꽃을 피우고 있었다

마지막 찬바람이 손끝을 아리지만
잔설에 얼굴 내민 복수꽃
겨우내 침묵으로 온몸 녹이며
푸르퉁퉁한 몸속에 새싹으로
그 찬란한 봄을 준비하고 있었다

살얼음 실개천 송사리 떼
물결치는 소리
별빛이 머물고 달빛이 스친 자리에
마른 풀잎 새싹 움트는 소리
봄은 그렇게 한 치의 오차도 없이
추운 겨울에도 쉴 새 없이
처녀 가슴에 봄맞이꽃을 피우고 있었다

# 담쟁이넝쿨의 꿈

담장 기어오른 파란 담쟁이넝쿨
거기에는 사랑이 있다
벌 나비 찾아들지 않지만
거기에는 질긴 인내가 있다

나는 안다 너의 침묵을
서글픈 이파리마다 눈물로 씻어
처음 그대로 옹골찬 집념 하나로
끝내 하늘 끝까지 올라
환희의 깃발을 활짝 펼치리라는 것을
먼 훗날 순백한 사랑을 위하여
곱게 물들인 단풍으로
갈색 추억을 주렁주렁 매다는 것을

# 성난 파도

폭풍전야의 고요에
섬짓 바다가 놀란다
남산만 한 거친 파도가 밀려와
어지러운 세상 말아먹고
모순덩어리 더러운 욕망 집어삼키며
하얀 물거품을 토해낸다

고요의 바다를 기도하던
밤하늘 별들이 내려와 방파제가 되고
휘황한 달빛이 너울 바다를 달래도
성난 파도는 끝일 줄 모르고
철썩철썩 뭍을 때리며 밤새껏 울어댄다
긴 세월 꿀꺽 삼켰던 울분 토해내며
천지개벽이라도 할 듯 그렇게 운다

# 경인년 새해에는

새해 첫날
새하얀 눈 위를 걸으며
원대한 꿈을 펼친다

또다시 솟아오르는
이글거리는 태양은
삶의 그늘진 곳까지 밝은 빛으로
또 한 해를 약속해주는데

한 해 첫날 마음 그대로
일 년 삼백육십오일
끊임없는 도전과 열정으로
큰 삶을 엮어가련다

경인년 새해에는

# 사랑이 그리워도

# 2
# 못다 핀 꽃이여

꿈틀대는 욕망 끄집어내어
태양에 달구어
별빛에 아린 사랑
돌담에 걸어놓고
헝클어진 마음
달빛으로 어루만질 때
실루엣처럼 다가오는 그대여

# 임의 향기

꽃향기보다 더 감미로운
그대의 향기가
내 곁을 떠날 줄 모릅니다

사랑하면 할수록
짙어지는 임의 향기는
백합 향기보다
더 싱그러움으로 익숙해져
늘 내 안에서 서성입니다

뜨거운 입술
뜨거운 가슴
떨림 속에
폐부 깊숙이 묻어둔 그대 향기로
오늘도 그리운 백합꽃을
피우겠습니다

## 중년이 되거든

중년! 인생의 꽃이라지
그 꽃 한 송이에 입맞춤하고 싶다

중년! 삶의 절정이라지
그 화려함에
온몸 던져 황홀감에 취하고 싶다

중년! 사랑이 넘친다지
그 사랑의 샘에
영혼까지 흠뻑 적시고 싶다

중년! 힘이 넘친다지
삶의 버팀목 되어
한 가족 행복의 샘터를 가꾸고 싶다

중년! 그 슬픔에 좌절한다지
이슬 어린 눈매에
잃어버린 시간을 되돌려주고 싶다

중년! 용솟음치는 젊음으로
두 번 다시 오지 않는 세월에
인생의 꽃을 활짝 피워라

# 내 친구 L

문지방 번질나게 넉살 늘어놓던
넓은 가슴을 가졌던 그 녀석
수줍음 잘 타는 샌님 같은
좁은 가슴을 가진 또 한 녀석
두 녀석은 철부지 죽마고우란다

삶의 길목에서 만난 두 사람
한 사람은 존경받는 선생님으로
또 한 사람은 늠름한 장교로
서로 다른 길을 걷고 있었다

어릴 적 기골 장대한 녀석은
천하를 호령하는 용장으로
샌님 같던 그 녀석은 후학을 양성하는
훈장의 길을 걸었어야 적격인데
삶의 길이 엇갈려도 크게 엇갈렸다

어찌됐든 너와 나는 영원한 친구
아릿한 우정으로 곰삭은 세월에
우정의 꽃 피우며 오롯한 시간을 가져보자
오늘도 그 친구 넉살을 그리워하며

# 마지막 직장을 떠나던 날

인생 살다보니 잠깐인 것을
직장을 떠나며 멈칫 뒤돌아보니
허덕이던 지난 세월 누누이
애환과 환희가 같이한 나날이었습니다

인생 절반을 일터에 파묻혀 연연한 생명력이
어느 날 갑자기 빛바래 조여오지만
겹겹이 흐르는 세월의 면면은
설화(說話)처럼 쌓인 은빛 모래더미였습니다

마지막 직장을 떠나던 날
세월의 갈피마다 접어둔 고운 마음 꺼내
묵정밭을 갈아가며
삶의 어두운 그림자는 젊은 날의 지혜로
설움 빛을 훔치렵니다

# 사랑만을 남기고 떠난 임아

눈물로 얼룩져놓고 임은 가셨습니다
천천히 가도 되는 그 험한 길을
혼자 서둘러 떠나야만 했습니까
사랑하는 사람아

밝음보다 어두운 날들을
당신의 고운 심지 하나로 견뎌왔는데
천 년의 약속 단칼로 베어버리고
그렇게 먼저 떠나면 어이합니까
나는 어떡하라고

긴 밤 홍건히 적신 눈물
그리움으로 밤새껏 휘감아 돌고도
지워지지 않는 당신 모습을 어이합니까
내 사랑 그대여

그대의 고운 미소 고운 숨결이
사무친 이름으로 고스란히 남아 있는데
사랑하는 임은 어디서 찾아야 합니까
약속한 임이여

## 믿음이 아픔 되어

알 수 없는 너의 마음
칼바람보다 매섭고
내뱉는 독설은
여린 내 마음을 꽁꽁 얼군다*

몽돌보다 더 굳었던 너의 마음
그 믿음 깨져 아픔으로 저며 올 때
봇물처럼 터지는 분노가 강으로 흘러
배반의 눈물로 바다를 메운다

애당초 만나지 말았어야 했는데
마음 주지 말았어야 했는데
맵지 못해 정 준 내가 바보지
누구를 탓하겠는가
물거품처럼 깨지는 널 붙들고
하소연한들 무슨 소용 있으랴
믿음이 아픔 되어 부메랑 되어 오는데

잊어야지
모두 잊어버려야지
기억조차 하기 싫은 너의 모든 것을

*얼구다 : '얼리다' 의 방언

# 남산에 뜬 달

남산 위의 저 달
내 임 같아라
달빛 젖은 서울 자락
정겹기만 한데
달빛 덮고 누운 고요가
새붉은 울음빛에
깜짝 놀라
서산 너머로 숨어버리네

# 호숫가에서

나의 뜰 앞 넓고 푸른 호수
청둥오리 한가로이 물고기를 낚고
어미오리 줄줄이 뒤쫓는 새끼오리가
행복 바이러스를 만든다

아침이면 붉은 태양이 호수에서 솟고
낮빛 산 그림자가 수채화를 그리면
즐비하게 사랑을 낚는 사람들 얼굴에도
기쁨이 가득 느슨한 저녁노을로
또 다른 풍광을 만든다

밤하늘 무수한 별이 호수에 빤짝이면
연인들 사랑이 물결처럼 일렁이고
느지막한 하현달이 비스듬히 누워
농익은 사랑마다 이슥한 밤을 붙들어 맨다

# 유채꽃 사랑

5월의 장미가 서러워할 만큼
푸른 초원 노랗게 물들인 유채꽃밭
고향바다 윤슬*처럼 반짝이는 예쁜 꽃잎은
그대 모습 빼어 닮아
설레는 마음 달랠 길이 없습니다

유채꽃에 숨긴 사랑
알알이 꽃으로 펴 사랑을 윙크하지만
여린 내 사랑은 부끄러워
그대 손목을 잡지 못하고
멍하니 바라보고만 있습니다

가녀린 여인
아름다운 꽃이여
용기 얻어 사랑을 고백할 그날까지
오롯하게 곱게 피어 있어 주어요
저 넓은 들녘 고향의 달빛처럼

*윤슬 : 햇빛이나 달빛에 비치어 반짝이는 잔물결

# 양귀비꽃

붉게 타는 입술
이보다 더 아름다운 여인이 있을까
내 사랑 양귀비여

붉게 타는 욕정
그대 부드러운 속살에 내려놓고
치마 속 여인의 향기에 목석 되어
고고한 네 모습을
똑바로 바라볼 수가 없었다

꽃샘에 녹은 영혼은
영원한 생명의 묘약으로
아릿한 그리움을 밝은 빛 누리에
사랑의 꽃으로 남을 그대

아름다워 가까이 할 수 없는
설움 빛 감추고
고독한 꽃으로 남아 있을 양귀비
그 순정만은 잊지 말아다오
언제 언제까지나

# 하얀 목련

고고한 너
바라보기만 해도 가슴 설렌다
터질 것 같은 꽃망울 봉긋한 가슴에
얼굴 파묻고 싶은 충동이여
한잎 두잎 벗기면
하얀 속살 드러내 미소 짓는
백치 미인이여

봄바람 상쾌한 아침 햇살에
하얀 꽃잎으로 흐르는 사랑은
별빛보다 더 반짝이는구나
순백한 백로처럼
순결한 너의 속마음 닮고 싶어라

# 푸른 교정

국화향기 그윽한 푸른 교정
창문 열면 싱그러운 웃음
햇살 부시는 새싹들의 함성이
한 점 부끄럼 없는 이 나라 새싹들의
새로운 모습이란 것을

젖 냄새 그윽한 어머니 품 박차고
뽀얗게 피어오르는 내일의 희망
순박한 아이들의 푸른 꿈을 주우며
노회(老獪)한 눈으로 자랑스럽게 바라본다

하늘 높이 뛰어라
힘껏 뛰어라
자랑스러운 대한의 새싹들이여
밝은 빛 누리에 알찬 마루 되어라

# 도시의 소음

새붉은 먼동은 아직도 멀었는데
차량 소음은 시도 때도 없이
느슨한 어둠 가르며 아파트를 넘나들어
고단한 잠을 깨운다

지독한 응급차량의 사이렌 소리
지축을 울리며 달리는 덤프트럭
궤도 차량의 굉음
초개같이 질주하는 오토바이의 경적은
인간의 인내 한계를 훨씬 넘어버렸다

오늘도 도심의 아침 해는 붉게 떠올랐으나
무게를 가늠할 수 없는 소음공해는
길목 어귀마다 피로로 쌓여
길게 누워버린 마음을 짓누르며
시퍼렇게 멍이 든다

# 못다 핀 꽃이여

파릇파릇 돋아나는 청보리밭
나른한 햇살이 꾸벅꾸벅 졸고
찔레꽃 활짝 핀 언덕 위에
벌 나비 사랑다툼도 한창이다

꿈틀대는 욕망 끄집어내어
태양에 달구어
별빛에 아린 사랑 돌담에 걸어놓고
헝클어진 마음 달빛으로 어루만질 때
실루엣처럼 다가오는 그대여

깜짝 놀라
두근거리는 가슴 억누르며 달려가면
새벽 먼동을 트는 수탉 울음이
차가운 밤공기를 가른다

# 잘못 인식된 너

천길 물속보다 얕은 네 마음
믿는 도끼 발등 찍히어 못다 한 언어가
이슬처럼 삭는 모습 보니
세상 참 험악하고 그악하다

모두 내 마음 같은 줄 알았는데
가시 돋친 장미가 아름다운 줄만 알았는데
그 여린 장미가 맨살을 찌를 때
심장에서 울컥울컥 토해내는 앙금은
참기 어렵고 초라떼다*

누구를 원망하랴
믿었던 내가 바보지
아름다움에 반해 겉만 보고 사랑한
내가 바보지

*초라떼다 : 격에 맞지 않는 짓이나 차림새로 창피를 당하다

# 해인사의 종소리

민족의 혼이 살아 숨 쉬는 가야산 자락에
세계의 문화유산 팔만대장경을
천 년의 고목이 지키고
울창한 숲으로 부는 바람 소리는
고운 임의 목소리인가

산사에 그윽이 울려 퍼지는
목탁 두드리며 외는 불경 소리는
허허한 중생의 마음 달래고
푸른 산 깊은 계곡에 내려놓은 자비는
석가의 해탈이던가

파란 이파리 사이로 간간이 스민 햇살이
얼굴 간질이는 해인사의 고요여
은은한 풍경소리에
해그림자 길게 늘어뜨려
내 마음 여기에 있도다

# 뱀사골 이야기

산은 푸르고 계곡물 맑으니
곱고 아름다워라
지리산 뱀사골 계곡

쏴— 계곡 물소리 좇아
푸른 숲속으로
스님과 뱀에 얽힌 전설 속을 걷노라면

청량한 공기
해들거리는 상큼한 자연 향에 취해
나도 승천을 꿈꾼다

# 개천의 깃발을 높이 들어라

광야를 달리는 백마야
전진의 깃발을 높이 들어라
뜨거운 태양은 너의 것이거늘
북풍이 분다 하여 무엇이 두려울쏘냐

오대양 물결 가르는 저 거대한 선박
만선의 기쁨 푸른 꿈이 있는 한
세상은 우리 것이거늘
거친 파도인들 두려울 것 있으랴

하늘을 나는 저 우람한 비행기
지구 구석구석까지 우리 혼 심고
환한 미소 은빛 날개로
세계인의 행복한 보금자리를 만들리라

세계로 뻗어가는 나날들
백두에서 한라까지 무궁화 피워
아름다운 강산 부강한 나라 위한
개천의 깃발을 높이 들어라

# 사물의 겉만 보고 말하지 말라

나무를 보거든 겉만 보지 말고 속까지 보라
옹이 진 나이테 두르고 앉아
긴 세월 피멍 든 살점을 떼어내는 아픔 참고
시퍼렇게 일그러진 속살 푹푹 썩힌 자양분으로
곧은 나무가 된다는 것을 바라보고 말하라

사람을 보거든 겉치레만 보지 말고 속마음을 보라
어머니 품 떠나 걷는 삶의 길목에서
홀로 겪는 슬픈 좌절 진한 아픔이 가슴에 멍울 지고
한 줄기 빛을 보기 위해 지독한 인내가
진정한 용기와 지혜 되어 하나의 완성된
인간이 된다는 것을 바라보고 말하라

범인은 사물의 깊고 오묘한 이면을 보지 못하고
그저 쉽게 겉만 보고 혹평하는 우를 범하는데
만물의 영장이라는 인간이
사물을 직시하는 혜안을 가져야 하지 않겠는가
절대 사물의 겉만 보고 말하지 말라

# 움츠린 욕망

솔 갈비에 꽃피운 잔설(殘雪)
따사한 햇살 미워 눈 흘기는데
베란다 영산홍은 눈치 없이
붉은 꽃망울 터트리며 웃음 짓는다

개울가 실버들 푸르뎅뎅 부풀어
얼음 속 너울대는 세월 낚는데
느릿해진 몸과 마음에서
겨우내 움츠린 욕망 꿈틀대며
분주한 발걸음을 옮긴다

# 외딴섬에서

남쪽 바다 멀리 작은 외딴섬
푸른 바다 넘실대는 그곳에
내가 서 있다

이 작은 무인도에
수천 년 지켜온 듬직한 바위가 날 반기고
푸른 소나무 길벗 되어 시어(詩語)를 낚으면
파란 하늘 떠돌던 하얀 조각구름이 몰려와
친구가 된다

간간이 들려오는 혼탁한 세상 이야기는
육지에서 불어오는 바람에게서 듣고
고독에 떨면 성난 파도가 물밀듯 다가와
철썩철썩 바위에 부딪히며 깨워버린다

밤이면 하얀 백사장에 앉아 바다에 빠진
별들을 건지며
조개들의 사랑 이야기에 하얀 꿈 그려
나만의 성을 쌓는다

이 작은 외딴섬에서

# 빛과 소리

찬란한 빛과 소리는
태고가 주고 간 그대로
높은 바위틈에서 떨어지는
맑은 물방울소리
창문 스쳐가는 으스스한 바람소리
나뭇잎 부딪히는 떨리는 소리로

두 눈 시리게 바라보는
부끄럼 없는 세상을 위하여
맑은 마음 한 방울 떨어뜨려
고운 빛 고운 목소리로
새날을 만들어가자
아주 신나는 세상을

# 시련과 담금질

찬란히 빛나는 금은
수백 수천 미터 탄광에서 캐낸 돌을
깨어 부수고 고열을 가해 녹이는
연금술이 있어 황금덩이가 되듯

우리가 늘 밟고 사는 흙이
수천억 년 전 용암이 굳어 바위가 되어
모진 비바람에 깎이고 부서지고 닳아서
돌로 모래로 부드러운 흙이 되듯

사람으로 거듭나기 위해선
어머니 품에서 홀로 떨어져 나와
삶의 길목에서 부닥치는 시련 고통 아픔을
참고 견디어야 진정한 사람이 되듯

사랑을 꽃피우기 위해선
진정한 마음의 문을 열고 온 힘 기울여
정과 마음 주며
아름다운 희생을 아끼지 않는 사랑만이
진정한 사랑으로 영글듯

세상 모든 것은 끊임없는 시련과 담금질로
새로운 모습으로 다시 태어나 빛을 발한다

# 삶의 절규

무엇을 위한 절규인가
별빛 스치고 달빛에 씻기어 흘러간 세월
한탄한들 무슨 소용 있으랴
은빛처럼 날리어 사라진 삶의 푸념을
존재의 여부를 따져 무엇하랴

삶은 켜켜이 쌓인 한 줌의 퇴적층이
썩고 삭아 녹아내려 소멸하듯
영원할 수 없는 우리네 생명도
수천 년 이어온 긴 생명의 띠를 두르고
생명이 다하는 날 사라져야 할 슬픔처럼

오늘이 있다 해서 내일을 기약할 수 없는
미로의 세계를 헤쳐가야 하는 것처럼
선인들이 걸어갔던 그 길을 걸으며
생명의 연줄이 끊긴다 해도 슬퍼 말고
맑은 마음으로 초연히 걸어가자
걱정 없는 오늘을 살아가자

# 삶이 속일지라도

바위에도 마음이 있다
바위는 천 년이 흘러도 늘 처음 같고
만년이 흘러도 단단한데
백 년도 못 살다 가는 인간은 사악하여
세류에 휩쓸리고 바람에 흔들리어
세상을 노랗게 물들여 어지럽게 한다

인간의 마음이 바위보다 못할 리 없다
대장부 곧은 마음 흙탕물 되어
웃음 꼴 되기 전에
그악한 마음 단칼로 싹둑 잘라버리고
평생 바위처럼 살아보자
삶이 속일지라도 늘 처음처럼
곧은 마음으로

# 이것이 인생인 것을

아침 햇살 먹은 싱싱한 백합처럼
곱디고운 내 여인이여
매서운 바람에 꺾이어 시들어가는
추한 모습을 어찌하겠나

어제도 가고 오늘도 걸어가는
쉼 없이 달려온 이 길을
앞으로도 얼마나 더 걸어갈지
발걸음마다 는개에 젖으니 어찌하겠나

한평생 맺은 우정
어느 날 갑자기 꽃잎처럼 떨어져
실려 오는 바람 소리에
산 그림자 드리우니 어찌하겠나

인생 그것은 어머니 품에서
찢어지는 큰 울음 울며 세상에 나와
삶의 그림자에 이름 석 자 남기고
홀로 걸어가는 것이라면 어찌하겠나

이것이 인생인 것을

# 어느 의사의 말 한마디

큰 병 얻어 몇 개월에 한 번씩
병원 검사 받고 결과 보러 가는 날
왜 이리도 발길이 무겁고 두려울까

마치 최후의 심판을 받는 날처럼
죄수가 사형선고를 받는 것처럼
참담한 심정 암담한 침묵이
오감을 마비시킨다

의사 앞에 물에 빠진 생쥐 되어
숨죽이며 일거수일투족에 촉각 세워
응시하는 눈길을 차마 바라볼 수가 없구나

괜찮아요 좋아졌네요
나빠졌어요 또 수술을 해야겠네요
청천벽력 같은 말 한마디가 회비의 쌍곡선 되어
천당을 가고 지옥을 간다

언제까지 이런 악순환을 반복해야 하나
정말 삶이 무겁고 힘들구나
내 손을 꼭 잡아줄 임은 없는가

# 화진포 사랑

명사십리 따로 있나
여기가 명사십리라네
화진포*에서 맺은 사랑 모래밭에 숨겨놓고
하얀 파도가 베일에 가린 그녀를
한겹 두겹 발가벗긴다

금모래 빛에 터질 것 같은 욕정 감추고
천 년 모래성을 쌓아 뜨거운 열정 태우면
눈먼 조개가 씁쓸한 거품을 토해낸다

구름도 바람도 머물며 쉬어가는 곳
울창한 소나무 숲 맑은 호수여
파도를 즐기며 낭만에 빠져
하얀 모래밭 사랑을 낚으면
갈매기가 벌거벗은 연인을 훔쳐보는
아름다운 화진포 사랑이여

*화진포 : 강원 고성군에 있는 길이 1.7km, 평균 수심 1~1.5m의 해수욕장

# • • • • • • 사랑이 그리워도

# 3
# 사랑은 별이 되어

그대 별에
안기고 싶은 내 사랑은
수만 리 저편
그대 품에 안겨
아릿한 그리움으로
눈시울 닦아내고
짜릿한 사랑으로
밤하늘을 수놓는다
더없이 빤짝 빤짝 빛내며

# 봄꽃에 숨긴 사랑

마파람에 너풀거리는 보리 결은
긴 머리 소녀였구나

맑은 호수에 빠진 파란 하늘은
해맑은 그녀의 눈동자

새하얀 배꽃으로 얼굴 분칠하고
진달래 붉은 꽃잎으로 연지 찍어
노랗게 젖어 있는 개나리 처녀야

하얀 목련
봉곳한 젖가슴이 탐스런 그대는
내 사랑이어라

# 그대 꽃향기 그리운 날에

밤비 오는 소리에 그리움이 녹고
꽃잎 떨어지는 소리에 사랑이 운다

그대가 그리운 날
그대 품에 한 송이 꽃을 피우고 싶은데
속절없는 빗방울은 여린 꽃잎에
눈물만 뿌리고 간다

사랑이 그리운 날
서러운 이내 마음 전하고 싶었는데
햇살에 젖은 사랑은 빗물에 씻기니
너의 마음이 야속하기만 하다

그대 꽃향기 그리운 날
사랑에 울고 빗방울에 얼룩진다

# 정말로

정말로 그대 마음 준다면
눈 덮인 에베레스트 산
폭풍우 몰아치는 드넓은 태평양이라도
기꺼이 헤쳐 가겠어

정말로 그대 사랑 준다면
뜨거운 열기 모래바람 부는 사하라사막
흙탕물 넘치는 황하(黃河)라도
주저 없이 건너가겠어

정말로 그대 가슴 준다면
동토의 시베리아 벌판
황사 몰아치는 몽골의 대평원이라도
거침없이 달려가겠어

정말로 그대 믿음 준다면
풍진세상(風塵世上) 모진 눈살 싹둑 잘라버리고
아름다운 사랑을 노래하며
붉은 장미꽃을 피우리라

# 가슴을 열어라

너의 가슴에 조그만 틈만 있어도
비집고 들어갈 텐데
너의 바다에 조각배만 있어도
저어갈 텐데

마파람 불어 꽃 피고 새가 울고
눈부신 햇살 너의 고운 얼굴 어루만져도
굳게 닫힌 빗장은 열릴 기미조차 없구나
평생 너 하나만을 바라보며 사랑한 내가
마른 이파리 되어 시커멓게 타들어간다

가슴을 열어라
그리고 넓은 가슴으로
뜨겁게 사랑하라

# 사랑의 연가

뜨락에 내려앉은 햇살
정답게 속삭이듯
산골짜기 이끼 덮인 옹달샘
졸졸 흐르듯
내 마음 고요히 흐르는 뜨거움은
사랑이어라

꽃잎이 수줍어 붉게 물들듯
수줍은 아가씨 고개 숙여
얼굴 붉히듯
내 가슴 한 켠에 숨어
얼굴 붉히는 그대는
내 사랑이어라

# 금빛 바닷가

서녘 바다 뜰에 곱게 핀 해당화여
내 누이 같구나
저녁노을에 붉게 물든 바닷물이
철썩철썩 그대를 부르면
금빛 모래밭에 숨겨놓은 사랑이
밤하늘 별들에 반짝반짝 빛나
잃어버린 추억을 줍고
조개들의 사랑 이야기에
하얗게 깨지는 물거품을 보며
나는 외로운 갈매기 되어
바다 위를 날으며 울부짖는다

# 장미의 유혹

나의 뜨락에 아홉 송이 장미
노랑 빨강 파랑 분홍 하얀 흑장미
요염한 자태로 너풀거리며
붉게 유혹의 손길 내민다

밤이면 별빛에 잠들고
아침이면 맑은 이슬로 곱게 단장
상큼한 향기로 하루를 여는데
내 마음 사로잡는 장미는 어느 꽃일까

꽃무리에 이끌리어
노란 장미에 눈 맞추면 시큰둥하고
파란 장미에 눈길 주면 침묵을
하얀 장미에 관심 두면 질투를
빨간 장미를 만지면 날카로운 가시 세워
파르르 입술을 떤다

어느 꽃을 꺾어야 하나
오늘도 흔들리는 마음으로 붉은 사랑에
가슴앓이하는 아홉 송이 장미만
물끄러미 바라보다 발길을 돌린다

그 강렬한 장미의 눈총을 받으며

# 알 수 없는 너의 마음

내가 내 마음도 모르는데
어찌 네 마음을 다 알 수 있더냐

때로는 좋아하는 것 같고
때로는 사랑하는 것 같기도 하고
때로는 미워하는 것 같고
때로는 싫어하는 것 같기도 한데
너의 진솔한 속마음은 무엇이더냐

진정 네가 사랑한다면
내 정열 다 바쳐 뜨겁게 사랑하리라
진정 네가 싫어한다면 피눈물 흘려도
기꺼이 네 곁을 떠나리라

사랑은 그렇게
물에 술 탄 듯 술에 물 탄 듯
가들가들 취하는 것이 아니라
단호하게 끊고 맺음이 있어야
이글대는 태양처럼 활활 타오르는 거야

알 수 없는 너의 속마음 다 토해보렴

# 보름달을 바라보며

저뭇한* 밤 보름달이
임의 마음 적셔
가슴속으로 파고들면
울컥 치솟는 그리움이
달콤한 사랑으로 번져
달빛 한 겹 덮고 누운
너와 나의 행복에
그림자가 지지 않도록
두 손 모아 빌어보자

*저뭇하다 : 날이 저물어 어스레하다

# 우리 함께라면

별들이 속삭이는 밤
우리 함께라면
느린 기차가 멈추는 간이역이라도
넉넉한 마음으로 기다리고 싶다

달빛 누비며 달려온 열차에
우리 함께라면
정답게 마주 보며 멀리
아무도 밟지 않은 하얀 섬으로
아주 신나게 달려가고 싶다

태고가 숨 쉬는 때 묻지 않은 섬에서
우리 함께라면
분홍빛 하트를 마음껏 그리며
사랑의 날개로
푸른 바다 위를 훨훨 날고 싶다

우리 함께라면 어느 곳이든

# 접시꽃 붉은 입술에

붉은 꽃잎은 그대의 입술
하얀 꽃잎은 나의 마음
그 맑은 웃음 고운매 되어
하늘 높게 바라보는 그대여

바람에 흔들리는 꽃잎은 정다운 친구
햇살에 눈부신 웃음은 불타는 사랑
넓은 가슴에 숨 쉬는 하얀 숨결은
긴 세월 하루같이 벌거벗은 내 가슴에
사랑의 꽃으로 피운다

태양을 향한 순백의 소녀처럼
환한 얼굴 수줍은 미소가 미덥기만 한
쉽지 않은 사랑이 눅눅히 배어
땡볕 아래 언제나 붉은 순정으로 꼿꼿이 서 있는
그대 붉은 입술에
진한 입맞춤으로 사랑을 화인(火印)한다

# 진주혼식(眞珠婚式)

그해 가을은 따뜻했네
삼십 년 세월 흐른 지금
늘 그날처럼 따뜻하네

황토방 잠기어 지난날 그려보니
걸어온 자국마다 고달픈 삶의 역정이
당신의 고운 얼굴에 주름 더한
인생무상이어라

그러나
함께한 뜨거운 사랑은
늘 처음처럼 때 묻지 않은
하얀 마음으로
우리 사랑에 불을 지펴줬네

미운 정 고운 정
어느새 진주혼식 되어
영원히 마르지 않는 샘가에
사랑의 등불 밝혀주네

*진주혼식(眞珠婚式) : 서양 풍속에서, 결혼 30주년을 기념하는 의식. 부부가 서로 진주로 된 선물을 주고받는다

# 황홀한 사랑

너와 나의 마음 질그릇에 담아
술렁이는 가슴에 정염(情炎)으로 재워
보드라운 속살 풋풋한 살 내음으로
욕망의 강 깊숙이 거슬러 올라가면

휘감고 돌아온 천 년의 신비가
열락(悅樂)의 황홀경에 빠져
사랑의 깊이만큼 느끼는 희열이
사랑의 미소만큼 느끼는 상큼함이
나른한 여름 한낮을 붙들고
천사의 날개를 단다

# 사랑의 거리(距離)

그대가 있어 따뜻합니다
그대 사랑이 달콤합니다
그대가 있어 마음이 시립니다
그대 사랑이 석고처럼 굳어갑니다

기쁨과 아픔이 공존하는 사랑이지만
그대와 나 사이에는 건널 수 없는
깊은 강물이 흐르고 있습니다

오늘도 그대 곁에 다가가
실타래처럼 얽힌 사랑을 풀려고
강나루에 나섰지만
나룻배가 보이지 않습니다

그대여
언제까지 우리 사랑을 울려야 합니까
먹구름 위에 햇살 가듯
그대와 나 순백한 사랑을 위해
오붓한 나룻배를 보내주세요

# 사랑은 오직 하나

꽃이 아름답다 한들
그녀 마음보다 더 아름다울까
비단결이 곱다 한들
그녀의 뽀얀 살결보다 더 고울까

별빛이 반짝인다 한들
그녀의 눈동자보다 더 반짝일까
달빛이 휘황찬란한들
그녀의 미소보다 더 밝을까

사랑은 오직 하나
세상이 넓고 깊은들
그녀의 가슴보다 넓고 포근할까

세상 무엇하고도 바꿀 수 없는 사랑
이 몸이 분토 되고 백골 되어도
버릴 수 없는 사랑
나는 그런 그녀를 사랑한다

# 사랑의 전화

따르릉 따르릉 전화벨 소리
듣기만 해도 가슴 설레는
상큼한 그대 목소리

초가지붕 하얀 박속처럼
뽀얀 살결 살가운 미소
지성의 미를 환각시켜
나른한 하루를 매몰차게 낚아채며
싱그러움을 준다

사랑은 강 건너 그대 곁에 머물며
거미줄로 이어놓고
결 고운 바람으로 내 곁에 다가와
콩닥거리는 가슴을 헤집으며
뜨겁게 불을 지핀다

사랑한다고 속삭이며

# 당신의 별

밤하늘 별 밭에 반짝이던
당신의 별은 어디 있나요
긴 그리움에 넋 나간 날 기다리다 지쳐
숨어버렸나요
헤아릴 수 없는 당신 마음 어이 붙잡나요

삶의 끝자락에서 부르는 이름이여
푹푹 썩어 발효된 내 속가슴
뻥 뚫린 허전함을 홀로 잊어야 했던
일면들을 어이 외면합니까

저 하늘 높은 곳에
진한 눈물 마를 때까지 바라볼 수 있게
당신의 별이나 걸어주오
내 심장 힘차게 꽃피던 시절 더듬으며
슬픈 연가나 부르렵니다

# 대답 없는 전화

전화를 건다 그 사람에게
한 번 두 번 세 번 네 번
"연결할 수 없습니다."라는
자동응답의 기계음 소리
전화를 왜 받지 않을까 그 사람

전화기 고장일까 건전지 방전인가
어디에 갔을까
이 생각 저 생각에 뜬구름 잡고
불안한 마음이 꼬리를 문다

앞뜰 감나무 이파리 우수수 떨어져
가지에 간댕거리는 홍시 서너 개
내 신세 같다고 푸념 늘어놓는데
어쩌란 말이냐 대답 없는 전화를

행여 그 사람 내 곁을 떠난 것은 아닐까
밝힌 등불은 연못에 어리어 깜빡이는데
점점 다가오는 불길한 생각에
심드렁거리며 아갈댄다*

*아갈대다 : 이러니저러니 아가리를 놀리다

# 밝은 햇살로 비춰주세요

두 눈에 고인 눈물
눈물인가 핏물인가
사랑보다 더 지독한 암 바이러스가
당신과 나의 육신을 싹둑 잘라내고
눈물샘마저 꽉 막아놓았으니
하늘과 땅 내가 설 곳은 어디인가

세월의 꽁무니 붙들고
정신없이 달려온 삶의 흔적에
눈물 마를 날이 없는데
하늘이시여!
슬픔에 촉촉이 젖은 가슴
밝은 햇살로 비춰주세요
멍든 영육(靈肉)의 생채기를
말끔히 씻어주세요

사랑하는 그 사람을

# 나 어쩌면 좋아요

그대의 사랑 흠뻑 받으며
그대의 힘든 아픔 뻔히 보면서도
홀로 감당할 수 없는 나약한 마음뿐이니
나 어쩌면 좋아요

장미꽃이 뚝뚝 떨어지던 날
는개에 얼룩진 사랑
해그림자 되어 길게 누워 있어도
어찌할 줄 모르고 가슴만 쥐어뜯으니
나 어쩌면 좋아요

상쾌한 아침 햇살에
참새들 노래 정겨워도
설레는 마음 침묵으로 일관하며
가슴의 문을 활짝 열 수 없으니
나 어쩌면 좋아요

차라리 이 세상 모든 희로애락
살가운 사랑의 언어들을 그대에게 돌려주고
유유창천(悠悠蒼天)에 뜬구름 되어
자유로이 흘렀으면 좋겠습니다

# 산골짜기에 핀 꽃

접동새 우는 산골에
말없이 찾아오는 임이
진정 내 임이라면
내 순정 모두 바치리라

산 그림자에 움츠린 가슴
양지 뜰 그리는데
산골짜기 고적한 곳까지
임 찾아오니
홀로 핀 내 시린 가슴에
한평생 쌓인 눈이
사르르 녹아내린다

## 그리움을 잠재울 걸 그랬다

그리움을 잠재울 걸 그랬다
손꼽아 기다리던 몇 날 몇 밤
별빛 바라보며 설레던 날들을
만남의 발길 황홀한 떨림도
얼굴 붉혀 몸살하던 그날도
물방울 되어 뚝뚝 떨어진다

나만의 느끼한 시간 공간 속에서
방황 갈등 고열을 앓다
다가서면 설수록 멀어지는 사람아
차라리 설중매의 시린 향기를
맡을 걸 그랬다
짧은 원망 긴 그리움으로
은하수 저편에 숨어
백합꽃 당신을 그리워할 걸 그랬다

사랑하는 사람아

# 사랑은 별이 되어

살품*에 스민 별빛이 그리움을 깨우고
삭정이에 걸린 조각달이
매화꽃 붉은 볼에 사랑 내려놓으면
은하수 저 멀리 그대 별은
어뜩하게* 반짝이는 별 하나 되어
숱한 날을 은빛처럼 날린다

그대 별에 안기고 싶은 내 사랑은
수만 리 저편 그대 품에 안겨
아릿한 그리움으로 눈시울 닦아내고
짜릿한 사랑으로 밤하늘을 수놓는다

더없이 빤짝 빤짝 빛내며

*살품 : 옷과 가슴 사이에 생기는 빈틈

*어뜩하다 : 갑자기 몹시 어지러워 정신을 잃고 까무러칠 듯하다

## 강바람 부는 언덕

너울대는 강 언덕에
홀로 핀 달맞이꽃
강바람 부는 그곳에
나 홀로 서 있다

그리움이 흐르는 고즈넉한 밤
반딧불이로 등불 밝히고
빤짝이는 별
가녀린 초승달 붙들고
떨고 있는 강 언덕에서
미련스럽게 그대를 기다리는데

행여 그대
바람결에 그곳을 지나거든
그리움을 잠재우고
그대 마음 뜨겁거든
사랑의 연가나 불러다오

# 사랑이 그리워도

떨어진 낙엽 위에
찬바람만 스치고
쏟아지는 그리움에
사랑이 운다

잔설 가지 위에 떨고 있는
작은 새야
너도 임 그리워
그리 슬피 우는구나

입춘 지나 설매화 곱게 피면은
먼 길 떠난 임 돌아올 텐데
사랑이 그리워도
그때까지는 눈물 보이지 말자

네가 울면 내 눈물도 시릴 테니

# 나 가거들랑

나는 하얀 별 그대는 초록별
나 가거들랑
미련 원망 한숨 다 버리고
뜨거운 가슴만 주어요

나는 하얀 나비 그대는 붉은 장미
나 가거들랑
외로운 마음 깊은 속앓이 다 버리고
달콤한 사랑만 주어요

나는 우직한 황소 그대는 순한 양
나 가거들랑
세상 어지럽히는 말 다 버리고
입에 달콤한 말만 주어요

나는 푸른 들 그대는 파란 하늘
나 가거들랑
어두운 과거일랑 묻지 말고
웃음 가득한 내일의 꿈만 주어요

우리는 한 별 어제오늘도 그랬듯
내일은 더 빛나는 별이 되어
뜨거운 사랑을 속삭여요

# 청평호수의 애가(哀歌)

억겁의 세월 따라 흘러온 강물
청평호수에 이르면
저녁노을 곱게 물든 황금빛 너울에
흠뻑 젖는다

조각배 저어 가는 저 나그네
무심도 하지
설핏한 햇살에 사랑을 낚는 모습
얼굴 붉히며 바라보는 여인의 마음
헤아리지 못하니

해와 초승달의 기막힌 만남은
꺽꺽 울부짖던 물새들도
둥지에 잦아들어 적막한데
강물에 빠진 별을 건지는
여인의 발걸음은 무겁기만 하다

# 머물지 말아요

머물지 말고 힘껏 뛰어요
시궁창 되어 질퍽한 그곳은
당신이 머물 자리가 아닙니다

힘겹게 옮기는 발걸음마다
뿌연 안개가 가리지만
당신의 곧은 심지는 환한 등불 되어
어둠을 밝힙니다

주저하지 말고 어서 일어나
앞만 보고 걸어요
암울한 미련 접고 힘차게 걸어가면
눈부신 햇살이 기다리고 있습니다

그곳에는
당신을 기다리는 소중한 사람
아름다운 꽃들로 가득합니다

그곳으로 가요 우리

# 붙들 수 없는 사랑이라면

청잣빛 하늘에 흰 구름 가듯
어즈막에 띄운 그리움이 별빛 되어
유성처럼 흐르는데
세월의 벽에 부딪혀
안간힘 다해 풀어도 엉킨
어젯밤 사랑은 바람이었나 꿈이었나
세월의 끝자락 붙들고 녹이는
가냘픈 마음이여
아무리 생각해도
붙들 수 없는 사랑이라면
웃으면서 보내련다

# 사랑은 별리 되어 이 밤을 떠나고

칠흑 같은 밤
바람 소리 윙윙 창문을 두드리고
암고양이 슬피 울며 짝을 찾는데
침묵을 지키는 내 사랑은
그리움을 안겨준 채 어디로 떠나갔나

애타게 부르는 사랑노래가 별빛으로 흐르고
여린 달빛이 유리창에 실루엣처럼 비춰도
그대는 여전히 멀리서 미동도 하지 않고
시린 가슴에 소리 없이 고독만을 준다

꺽꺽 소리 내 우는 사랑의 눈물은
그리움을 태우는 열병으로 번져
밤새껏 속까지 토해내 핏기 없는 얼굴로
아침 햇살에 별리 되어 먼 길을 떠난다

# 어느 부인의 소천(召天)

하늘이여
내 사랑하는 임은 어디에 있습니까

화창한 봄날이면 꽃처럼 활짝 핀 웃음으로
뜨거운 여름날엔 파란 이파리로 그늘 되어
불타는 가을이면 달콤한 사랑의 세레나데를
하얀 눈 펑펑 내리면 백조처럼 걷던 그 임을
어이 잊어야 하나요

이별의 아픔만큼 성숙치 못한 내 슬픔
가슴을 갈기갈기 찢어놓고 구천을 떠도는 그대는
애잔한 해금의 선율에 맞추어 어디를 떠돕니까
사랑하는 사람아

그대 가거들랑 내 영혼까지 가져가야지
더덕더덕 남겨놓은 흔적을 어찌 감당해야 하나요
아직도 걸어가는 긴 여정에는 국화향기도 짙은데
주체 못하는 내 사랑을 어떻게 달래야 하나요
사랑하는 임이여

사랑의 별리가 이렇게 힘든 줄 몰랐습니다
가까이 다가서면 설수록 멀어지는 그대여
이제 떠나야 한다면 울지 않겠습니다
우리는 잠시 떨어져 있을 뿐이라 믿으며
잘 가세요 임이여

먼 훗날 다시 만날 그날까지

# 사랑이 무르익을 때까지

오늘은
오늘의 꽃을 피우고
내일은
내일의 꽃을 피우리라

오늘은 하얀 백합꽃을 피워
순백한 속마음을 숨김없이
그녀에게 보여주고

내일은 빨간 장미꽃을 피워
불타는 정열 뜨거운 사랑으로
그녀의 비너스 하얀 젖가슴에 안겨
사랑을 화인(火印)하련다

사랑이 무르익을 때까지
그렇게 꽃을 피우며

# 4
# 삶의 여백

홀로 울고
홀로 걸어간다는 것
결코 서러운 일만은 아닐 거야
가슴에 켜켜이 쌓인
울분 토해내고
쓰디쓴 외로움 털어내면은
흙탕물로 가득한 삶의 공간에
여백이 생길 테니까

# 사랑의 길

슬픈 얼굴에
메마른 눈물만 뚝뚝 떨어뜨린다

그 긴 겨울날
갈등의 벽을 허물지 못한
어색한 만남은
무거운 침묵으로 흐르고
잊어버린 언어는
시든 꽃잎처럼 떨어져 날린다

마음 비우면 가까운 것을
무거운 짐 걸머지고
무관심 속에 먼 길 빙빙 돌며
몽중방황(夢中彷徨)하며
버린 세월이 원망스럽기만 하다

그 달콤한 사랑을

# 더는 눈물 보이지 않게

아직도 끝나지 않은 전쟁
지독한 병과의 싸움이
이렇게 힘들고 지루할 줄이야
남몰래 흘린 눈물 강물보다 깊어라

휑한 눈가에 고인 눈물
평생 설움이 서리고
순박하게 살아온 발자국마다
질퍽하게 패여 흙탕물이 튀는구나

한평생 걸어가는 길목에
부닥쳐야 할 시련이라면
기꺼이 모든 고통 아픔 삭이며
굴곡진 삶의 여정을 힘차게 걸어가련다

가느다란 희망으로
다시는 눈물 보이지 않게

# 누군가가 내 곁에 있어

누군가가 나를 생각해주는
사람이 있어 감사하다
누군가가 나를 사랑해주는
사람이 있어 행복하다

이 험한 세상에
따뜻한 마음
조건 없는 사랑을 듬뿍
받을 수 있는 것만으로도
가슴이 뿌듯하다

오늘도 내 곁에는
누군가가 있어 따뜻하다
내일도 모레도
눈 속에서 곱게 핀 동백꽃처럼
내 곁에 머물며
가슴을 열고 바라보겠지

# 하얀 민들레

하얀 민들레 홀씨 되어
실바람에 훨훨 날린다

척박한 곳 메마른 땅
회색도시 쓰레기 덤 가리지 않고
사랑 나눠 살아온 나날들
생명의 그 신비로움이여

오늘도 밝은 햇살에 곰삭아
씨밀레* 되어 미소 지으며
영롱한 아침이슬 흠뻑 적셔
하얀 꽃 한 송이를 피운다

*씨밀레 : 영원한 친구

# 믿음

믿음이 깨지면 불신 되고
불신 깊어지면 원망 될 거야

살아가는 동안 쌓인
불신의 벽은 얼마나 클까
생활이 나를 속였으니
원망도 클 거야

늦었지만 불신의 고리 끊고
큰 믿음 줘야지
어머니 사랑 같은 그 믿음을

# 푸른 날에

푸른 숲이 우릴 포근히 감싸듯
넓은 가슴으로 너를 끌어안으리라
지독하게 아팠던 편린들
누렇게 물든 세월일랑
파란 하늘에 날려 보내고
마음 구석구석을 하얗게 칠한다

삶의 역겨운 냄새를 토해내
살아 있다는 존재에 대한 감사
사랑할 수 있다는 행복
어제보다 수월했다는 자신감에
푸른 숲의 바람꽃 되어
역동적인 삶에 몰입한다
넓고 듬직한 마음으로 거듭난다

더 푸른 날을 위하여

# 한 세대가 가고

아버지와 고모님들
가장 어려웠던 격동의 혼란기에 태어나
살아남으려 몸부림치다
인고의 노력도 헛되이 빛을 보지 못하고
서글피 어둠 속으로 사라지는
그 아버지 세대를 오늘 마감한다

또 한 세대
아버지 세대가 물려준 삶의 터전과 지혜로
오늘에 살아 있음에 감사할 여유도 없이
촌음처럼 달려간 해거름 녘 산 그림자가
얼굴을 가리는 우리 세대

삶의 꼬리를 틀며 감각적으로 느끼는
삶과 죽음 앞에 초라해지는 인생
그 모습이 덧없이 착잡하여
무거운 세월 붙들고
죄 없는 가슴만 쥐어뜯는다

# 한 줌의 흙으로

세 평의 공간 속 한 줌의 흙으로
돌아가는 슬픈 인생이여
그렇게도 발버둥 치며
살아온 세월이 무상합니다

이승에서 마지막 이별을 고하는 날
야멸친 바람이 깊은 정 끊으려
뼛속 깊이 스며들어도
가슴 깊이 흐르는 당신의 뜨거운 정은
끊으려야 끊을 수 없습니다

꽁꽁 언 땅바닥에 엎드려
통곡하며 올리는 마지막 잔도
못 본 체하고
차가운 흙 속에 묻히는 비통함이여

깊은 산속에 눈물만 남겨놓고
돌아서는 발길이 무겁습니다
아! 슬픔이여
죽음은 한 줌의 흙인 것을

# 은행잎이 가는 길

푸른 시절 그리움
앙상한 가지에 눈물로 맺혀놓고
노란 은행잎 떨어져 어디로 가나

돌담길 소복이 쌓인 낙엽
고독한 여인의 발굽에 밟혀
사각사각 비명 지르다가
바람에 흩날려 정처 없이 떠돈다

운명도 기구하지
하필이면 길 한복판에 떨어지다니
갈기갈기 찢긴 몸 움켜쥐고
이별의 서러움을 하소연한다

지난 정 못내 그리워하며

# 전우여

함께 불태웠던 사십 여 년 질곡의 세월
맨손 맨몸으로 지킨 조국은
아픔만큼 성숙하여 찬란히 빛나는데
아직도 은하수 저편 하늘 떠돌며
반짝이는 살가운 얼굴은 달빛 그림자 타고
살그래* 그리움으로 다가선다

설풋한 팔도 사나이가 한날 한곳에 몸과 마음 묻고
인고의 세월로 다진 전우애는 피와 살을 나누어 먹은
끈질긴 생명력으로 인간 극기의 한계를 초월하고

천 길 낭떠러지 불타는 덤불 속을 마다치 않고
넘나들던 젊은 날의 초상은 다이아몬드처럼 빛나지만
설핏한 석양빛이 스미는 초막집에 둘러앉아
기울이는 술잔은 왜 이리도 쓰디쓸까

피로 맺은 전우야, 네가 있고 내가 있어 조국이 있고
조국이 있어 너와 내가 살아 숨 쉬는 이 땅 위에서
언젠가는 땅속 깊숙이 파묻히어 뼈가 삭아도
너와 나의 끈끈한 전우애는 영원히 살아 숨 쉬리라

조국이 있는 한

*살그래: 남몰래 살며시

# 보훈병원 사람들

사람 사람 사람들
국가 위해 몸 바친 역전의 용사들이
보훈병원에서 아직도 그날의 아픔을
씻어내지 못하고 질퍽한 삶에 찌든다

병실 앞 길게 늘어선
백발이 성성한 가눌 수 없는 노구로
전신 불구로
깊게 팬 얼굴로
휑한 눈가에 이슬이 맺힌 사람들
반백 년이 훨씬 넘었는데도
그날의 참상을 생생히 보는 것 같아
가슴 아프다

한 아름 안고 온 병원 처방약에
하얗게 등이 휜 초승달 닮은 사람들이
오늘도 생명줄을 붙들고
그날의 아픈 흉터를 달랜다

# 어떤 욕망

사랑은 그대 가슴에
행복한 입맞춤으로
시간과 공간을 초월하여 불타오르는데

나도 바람 되어 사르르 눈 감고
주름 없는 욕망으로
그대 가슴속으로 유영이나 해볼까
욕망의 끝까지 무한한 힘으로

## 바람이여

꽃잎 한 송이
시도 때도 없이 피고 지고

꽃잎 한 송이 시도 때도 없이
벌 나비 울리고 웃기더니

세찬 바람에
어쩔 수 없이 흩날리며
때늦은 후회에
자지러지게 비명을 지른다

# 나무처럼

나무가 곧게 서 있는 것은
높은 곳 바라보며
정의롭게 살기 위함이리라

나무가 휘어져 굽은 것은
넓은 세상 바라보며
아름답게 살기 위함이리라

고목이 거센 바람 견디고
꽃 피우는 것은
무한한 생명력을 보이기 위함이리라

썩은 잔뿌리에서 새싹이 돋는 것은
다시 태어나 영원한 세상을
꿈꾸기 위함이리라

나도 나무처럼 곧고 멋있게 자라
높은 나무 되어
잔잔한 물결을 굽어보리라

# 이 작은 빈터에

이 작은 빈터에
마음 심고
꿈을 심고
꽃을 심어
푸른 동산을 가꾸리라

빈터 한 켠에는 빨간 봉숭아 심어
고운 임 손가락 예쁘게 물들이고
또 다른 한 켠에
채송화 맨드라미 백일홍 옥잠화 심어
긴 시름에 겨운 아린 마음 달래주리라

그래도 남은 여백에는
우리 임 한번 크게 웃는 날에
장미꽃 사랑으로 화인(火印)하고
웃음꽃이 끊일 날 없도록
나의 빈터로 가꾸리라

아주 오래도록

# 푸른 정원에서

죽주산성* 흰 구름아
나그네 발길 잡지 말라
아랫마을 푸른 정원 붉은 복숭아가
어서 오라 손짓한다

푸른 벼 잎 사이로 긴 우정은 녹고
기울이는 구기자 매실 복분자술에
농익은 자두가 노랗게 취할 때쯤
맛깔스런 보양식을 겸한 토마토가
배 터진다고 야단법석이다

푸른 하늘 푸른 정원에 울려 퍼지는
삼다도 소식의 구성진 노랫가락이
풋사과에 주렁주렁 매달려
껄껄 웃는 소리에 청포도가 익어간다

백일홍 도라지 능소화 가득한 정원에
감 배 살구 매화나무가 수채화를 그려놓고
오이 감자 고구마 땅콩 옥수수로
그때 그 시절 향수를 불러 행복을 재운다

*죽주산성 : 안성에 있는 고대 산성

# 그것이 삶의 지혜가 아닐까

저 산 옥녀봉
천 년 장승과 눈 마주쳐도
가슴 꽉 막힌 저 사람
무게를 가늠할 수 없는 침묵으로
요지부동이다

세상에서 가장 아름다운 꽃 양귀비
보는 사람 없어도 숨어 홀로 피고
뒷골목 폐지 줍는 저 할머니
등 휘어도 마음은 따뜻하다

세상 행복과 불행 마음에 있는 것을
부끄러운 욕심만 가득 끌어안고
끙끙거리며 걸어가는 추한 모습은
이제 더는 보이지 말자

굳게 닫힌 마음의 문을 열어
버릴 것 버리고 지킬 것 지키며
늘 웃음으로 보듬고 사랑하며 살자
그것이 삶의 지혜일 테니

# 행복한 마음

봄은 꽃으로
여름은 푸름이
가을엔 낙엽이
겨울은 눈으로
행복을 주는데

부질없는 욕심 버리고
물 흐르듯
바람 일듯
대자연에 순응하며
마음 비우고
사랑 베풀며
오매불망 행복 가득 채워
소박하게 살아가자

# 강산에 살리라

아들아 딸아
태양으로 가자
거기엔 무한한 꿈과
어둠을 사르는 열광이 있을 테니

아들아 딸아
둥근 달로 가자
거기엔 옥토끼 빚은 신비의 바다가
태초 모습 그대로 우릴 반겨줄 테니

아들아 딸아
오늘에 행복을 심자
어제는 미련만 주고
내일은 미지의 세계로 다가올 테니

허황한 욕망 불태워 별이 되어도
우리가 설 땅 마음 붙일 곳은
아무래도 이 강산 이 땅뿐인가 보다
얘들아
서성이지 말고 이리와 앉으려무나

# 나 여기 있음은

저무는 황혼녘에
바다 뜰 해당화는 피고
초승달 가냘픈 등도
내일이면 배불러 올 테니
허기짐 없이
나 여기 있음이라

아직도 내 안에 충만한 삶이
열정과 사랑으로
동해 푸른 바다를 가르고
오늘도 희망의 붉은 태양이
다시 떠오를 테니
두려움 없이
나 여기 있음이라

# 마음의 고향

풀빛 어둠이 깔리면 평상에 누워
밤하늘 별을 보며 반딧불이 불러 모아
세월을 벗기며 어릴 적 고향을 거닌다

앞뜰 개울가에 물장구치며 피라미 잡고
참외밭 숨어 마음 졸이며 히죽 웃던
산딸기 따다 표독한 까치 독사에 놀라
줄행랑치던 곳
흙담 볏짚 용마루 헤집고 손 넣어 참새 잡다
구렁이에 놀라 기절하던 그곳

느티나무 아래 오순도순 소꿉장난하던 순이
모깃불 피워놓고 목청 터지라 불렀던 고향의 봄
그렇게 마음껏 웃고 마음껏 뛰놀던 곳
세상 부러울 것 없는 잊힌 향긋한 고향냄새가
추억의 마디마다 새록새록 그리움으로 맺힌다

지금은 개발의 삽날에 산산이 흩어진 친구들
한 조각 그리움으로 남아
그 유년시절 그 고향 그 빼꾸기를 울린다

# 그곳에는

힘차게 끊임없이 걸어야 한다
정해진 내 갈 길을

가는 길이 바위산 벼랑 끝이라도
깊은 수렁 푸른 강이라도
황혼이 어둠 불러 가로막아도
매서운 세파 가슴속을 파고들어도
돌아서지 말고 앞만 보고
굴하지 말고 똑바로 걸어야 한다

그곳에는 생명의 빛이
삶의 소리가 살아 숨 쉬고
꿈틀대는
나의 꿈
나의 희망
나의 뜨거운 사랑이 있기 때문이다

# 순수를 사랑한다

욕망은 점점 커져
남산이 되고
그 욕망은 점점
깨지고 부서져
옥돌이 된다

오지랖 마음은 점점 커져
파란 하늘이 되고
부끄러운 마음은
점점 씻기고 씻기어
맑은 샘물로 흐른다

# 삶을 위한 기도

긴 악몽에 시달린 지난밤
마음의 평온 찾으려고
백릿길 멀다 않고 달려온
여기 그 하얀 집
경건한 마음으로 기도 드리지만
내 작은 공간과 시간 속에 머무는
잘못된 언어
거짓과 교만
지우지 못한 죄악으로
그 큰 뜻 펴보지도 못하고
가슴에 피로만 누적시킨다

사랑과 믿음으로 보고 듣고 싶은
천상의 밝은 빛 맑은 음성은
아직도 구름에 가려
그 기쁜 날은 저만치 비켜가고
질그릇에 담긴 연약한 마음은
오늘도 간사한 마음 뿌리치지 못하고
굴뚝새 되어 날아간다

# 은은한 종소리

오늘만이라도 경건한 마음으로
나를 버리고 하느님을 믿으며
감사한 마음으로 살자

동이 트는 아침 햇살에
사랑이 넘치는 교회 파이프오르간의
은은한 선율에 마음 풀어놓아
너그러운 마음
평온한 마음으로 복음(福音) 들으며
기쁨으로 하루를 짚어가자

마음의 창문 열어 세상 바라보며
웃음 넘치는 하루
부끄럽지 않은 따뜻한 마음으로
참사랑 나누자

맑은 하늘에 울려 퍼지는 종소리에
힘들어도 절망하지 않는
어머니 마음처럼 미소가 묻어나는
한 아름 착한 마음으로 가득 채우자

# 낙원(樂園)

구름도 쉬어가는 마운틴 쿡*
산봉우리마다 하얀 눈 덮인
천사의 나라

따사한 햇살에 녹은 하얀 눈은
데카포 호수*로 흘러들어
티 없이 맑은 옥색 빛을 즐기는
연어들의 천국이어라

끝없이 펼쳐지는 대평원에는
인적은 간데없고
소, 말, 양, 사슴들이 주인 되어
한가로이 노니는데

산봉우리 가득 쌓인 흰 눈
옥빛 호수
초록색 초원이 펼치는
대자연의 파노라마는
빛과 소리로 어우러져
이곳이 곧 지상낙원이더라

*마운틴 쿡, 데카포 호수 : 뉴질랜드 남섬 해발 2천 미터 이상의 산과 호수

# 아! 옛날이여

이스탄불* 푸른 물결 도도히 흐르고
지중해 따뜻한 바람 여전한데
그 찬란했던
고대의 영광은 어디로 갔는가

한때는 오리엔트의 강자
동서 문화의 건널목
비잔틴 문명을 꽃피운
동로마제국 수도였던 콘스탄티노플이여

세계사를 찬란히 빛낸
고대 문명의 아름다운 유적이
그대로 살아 숨 쉬는 역사의 현장에서
그때 그 시절 신비와 기적이
잔잔한 충격으로 나그네 발목을 잡는다

*이스탄불 : 한때 터키 수도로, 지중해 동북쪽 지브랄타 해협에 있는 도시

# 삶의 여백

홀로 울고
홀로 걸어간다는 것
결코 서러운 일만은 아닐 거야

가슴에 켜켜이 쌓인 울분 토해내고
쓰디쓴 외로움 털어내면은
흙탕물로 가득한 삶의 공간에
여백이 생길 테니까

그때쯤이면
울컥 삼킨 눈물만큼
삶의 긴 여백에
백합꽃이 활짝 피겠지

봄바람 상쾌한 아침 햇살에
하얀 꽃잎으로 흐르는 사랑은
별빛보다 더 반짝이는구나
순백한 백로처럼
순결한 너의 속마음 닮고 싶어라